Champignon Kochbuch

Über 100 Gerichte und Zubereitungstips für frische Kulturchampignons – leicht verständliche Anweisungen – alle Zutaten im Lebensmittelhandel.

Die Rezepte wurden ausgewählt und probiert von Nora Richter.

In Zusammenarbeit mit dem Bund Deutscher Champignon-Züchter e. V., Bonn.

Internationale Kochkunst

Verlag Dr. Richter
München

Der Feldchampignon ist unstreitig der im Geschmack beste Pilz, weshalb er auch überall gezüchtet wird.

Aus: Führer für Pilzfreunde von Edmund Michael 1895.

Mengenangaben für jeweils 4 Portionen, wenn nicht anders angegeben.

Titelfoto: Pikanter Pilzsalat, Rezept Seite 32.
Vordere Umschlaginnenseite: Champignonpfanne, Rezept Seite 14.
Buchrückseite: Champignonsuppe mit Käse überbacken, Rezept Seite 36.

Fotos: CMA, Centrale Marketinggesellschaft der Deutschen Agrarwirtschaft, Bonn; Komplett-Büro, München; Verlagsarchiv.

Rezepte und Zubereitungstips: A. Furrer, N. Richter, E. u. J. Arnold, F. Nasseri, M. Catallana, F. Murgolo, I. Moritz, J. Neumaier und viele Kundinnen und Kunden des Dietramszeller Pilzladens in München.

Redaktion: Dr. Joachim Richter. Zeichnungen: F. Reiß aus Praktische Kochkunst Davidis-Holle 1908.

3. überarbeitete Auflage 1984.

Gesamtherstellung: Druckerei St. Otto-Verlag GmbH, 8600 Bamberg.
Satz: VerlagsSatz Kort GmbH, München.
Printed in W.-Germany.

Band 1 der Reihe Internationale Kochkunst.

ISBN 3-923090-00-5.

Inhalt

Delikatesse seit 2000 Jahren

Speisepilze wurden bereits von den Gourmets der Antike hoch geschätzt.

Allerdings galt der Pilzgenuß lange als eine riskante Sache, da die Köche meist keine Pilzkenner waren.

Man kann sich deshalb heute kaum noch vorstellen, was es bedeutet haben muß, als ein Pariser Gärtner um 1650 entdeckte, daß man die geliebten Champignons auch anbauen konnte. Infolge dieser Entdeckung änderte sich die allgemeine Einstellung zu Speisepilzen gravierend und leitete eine Epoche immer raffinierterer Zubereitungen ein.

Am französischen Hof kultivierte man den Genuß des Champignons in besonderer Weise, und durch den Einfluß der herrschaftlichen Küchenmeister, die gelegentlich an befreundete Höfe „ausgeliehen" wurden, gewann der feine Pilz bald höchstes Ansehen.

In Deutschland wurde mit dem Pilzanbau denn auch zuerst in den Gärtnereien wohlhabender Adelsfamilien begonnen, ehe Mitte des vorigen Jahrhunderts der gewerbsmäßige Anbau erfolgte.

Allerdings galt der Edelpilz noch lange als ausgesprochener Luxus. Der große Durchbruch kam erst vor etwa 25 Jahren, als eine Kultivierung im großen Maßstab einsetzte. Heute sind die einst so raren und begehrten Leckerbissen das ganze Jahr über zu vernünftigen Preisen erhältlich.

Der Kulturchampignon

Beschreibung/Sorten
3 – 7 cm hoher Speisepilz mit weißem bis braunem 3 – 12 cm breitem Hut, der anfangs zum Stiel hin geschlossen ist und sich beim reifen Pilz öffnet und flach ausbreitet.

Die zuerst weißlichen bis hellrosa Lamellen färben sich bald rosabraun bis dunkelschokoladenbraun.

Das Pilzfleisch ist kompakt mit mehr oder weniger deutlicher Rotfärbung an Bruch- und Schnittstellen.

Kulturchampignons sind die wertvollsten Pilze der weitverzweigten Champignonfamilie.

Es sind viele Rassen im Handel, die sich durch weiße, hellbraune (blonde) und sattbraune Hutfarben sowie durch glatte, flockige oder schuppige Huthaut unterscheiden.

Alle Kulturchampignonrassen gehen zurück auf den Zweisporigen Champignon. Agaricus bisporus (Lge.) Sing. Als Heimat gilt Frankreich.

Werte
Mit 24 Kilokalorien (= ca. 100 Kilo-Joule) pro 100 Gramm sind Champignons ausgesprochen energiearm und daher ideal für schlankheitsbewußtes Essen. Eiweiß (Protein) 2,7 g; Fett 0,3 g; Kohlehydrate 3,3 g; Wasser 90,6 g; Ballaststoffe 2,4/0,9 g; Cholesterin 0. Vitamine: E, B1, B2, Niacin, C.

Anbau
Die Pilze wachsen in großen Hallen auf natürlichem Nährboden, der ohne chemische Zusätze ausschließlich organische Bestandteile enthält.

Der Anbau erfordert fundierte Sachkenntisse und viel gärtnerisches Geschick.

Etwa 100 Anbaubetriebe in der Bundesrepublik beliefern täglich den Frischmarkt.

Tips für den Einkauf

Qualität durch Frische
Am besten schmecken Champignons ganz frisch. Frische Speisepilze erkennt man daran, daß sie fest und kernig sind. Ein guter Frischehinweis ist oft der Sitz des Anbaubetriebes: Pilze von Erzeugern in der Nähe haben kurze Lieferwege!

Saison/Angebot
Frische Champignons gibt's ganzjährig in stets gleicher Qualität. Sie werden lose oder in Verkaufsschalen angeboten. Kleine Pilze mit geschlossenem Hut und größere – an der Hutunterseite geöffnete – sind von gleicher Speisequalität. Wer die Pilze besonders aromatisch liebt, bevorzugt große, reife Champignons.

Portionsmengen
Champignons haben kaum Abfall. Pro Portion rechnet man beim Einkauf etwa 200–300 g Frischware.

Beliebte Zutaten für Pilzgerichte
Olivenöl, Butter, Schmalz, Speck, Schinken, Rahm, Weißwein, Zitronensaft, Cherry, Sojasauce, Salz, Zucker, Zwiebel, Knoblauch, frische und getrocknete Kräuter, wie Petersilie und Schnittlauch, Kerbel, Oregano, Majoran, Dill, Bohnenkraut, Zitronenmelisse sowie Muskat, Kümmel und Pfeffer.

Oft wird über das fertige Pilzgericht pro Portion ½ TL feingehackter roher Champignons gegeben. Auch kann man in Saucen, Suppen, Füllungen usw. Pilzpulver einrühren.

Tips für die Zubereitung

Champignons sind sauber und so gut wie kochfertig.

Die Wurzeln werden im allgemeinen bereits bei der Ernte entfernt.

Es gibt keinen Gewichtsverlust durch Schälen oder Putzen, keinen Abfall, keine Mühe!

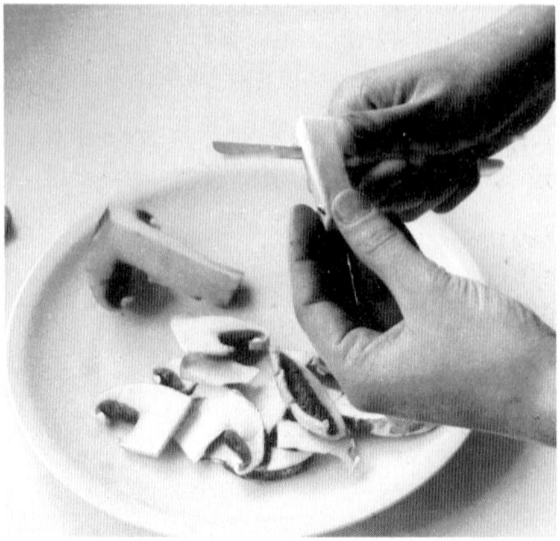

Gewaschen werden die Pilze unter fließendem Wasser oder in handwarmer Milch.

In der Gastronomie hat sich Waschen in Wasser mit Mehlzusatz bewährt.

In Wasser mit Zitronensaft oder Essig eingetaucht, behalten weiße Champignons bei der Zubereitung weitgehend ihre Farbe.

Huthaut und Lamellen (Blättchen an der Hutunterseite) werden mitgegessen. Kleine Pilze ganz lassen, größere halbieren oder vierteln. Je nach Verwendung in Würfel oder Streifen schneiden. Stiele am besten in feine Scheibchen schneiden.

Pilze nicht im Wasser liegen lassen, sondern nach dem Waschen sofort verwenden. Pilze saugen schnell Wasser auf (Schwämme!).

Hut und Stiel
Hut- und Stielfleisch sind gleich zart und aromatisch.

Sollen die Stiele – z. B. für gefüllte Hüte – entfernt werden, drückt man sie einfach ab und verwendet sie dann anderweitig.

Würzen
Frische Champignons bleiben saftig, wenn sie erst nach dem Garen gesalzen werden.

Starke Gewürze, zuviel Zwiebel, Knoblauch oder Speck überdecken das charakteristische milde Aroma vor allem der weißen Champignonarten.

Champignonsaucen und -suppen werden würziger, wenn die Pilze vorher kurz in Butter geschwenkt werden.

Garzeit
Champignons garen sehr schnell, je nach Größe und Menge schon ab 5 Minuten.

Es schadet aber überhaupt nicht, wenn die Pilze länger gegart werden. In anderen Ländern – zum Beispiel Italien – wird für einige Gerichte zuweilen eine Garzeit von 1½ bis 2 Stunden vorgeschrieben.

Aufwärmen
Gerichte mit Champignons können bedenkenlos am nächsten Tag noch einmal aufgewärmt werden.

Rohgenuß
Alle Kulturchampignons kann man roh essen. Man sollte sie möglichst feinschneiden und mit Sahne oder Essig (Zitronensaft) und Öl und reichlich feingehackten Kräutern zubereiten.

Rohe Pilze schmecken am aromatischsten bei Zimmertemperatur, also nicht im Eisschrank vorkühlen.

Rohe Speisepilze verträgt übrigens nicht jeder.

Frischhalten
Kühl und locker aufbewahrt halten sich Kulturchampignons mehrere Tage frisch. Am besten im Kühlschrank in offenen Schalen.

Sind sie nach einigen Tagen etwas trocken geworden – das passiert, wenn sie nicht im Eisschrank gelegen haben – legt man sie einige Minuten in handwarme Milch. Sie werden dann wieder frisch und saftig.

Einfrieren
Kulturchampignons können wie jedes Gemüse eingefroren werden.

Die Pilze werden am besten in Scheiben geschnitten. Blanchieren ist nicht erforderlich, wird aus Platzgründen aber oft empfohlen.

Gerichte mit Kulturchampignons werden wie Gemüsegerichte eingefroren.

Auftauen
Pilze in heißen Speisen miterhitzen oder bei schwacher Hitze in Fett oder Flüssigkeit auftauen. Nicht noch einmal einfrieren.

Getrocknete Champignons, Pilzpulver
Champignons können getrocknet werden, am besten feingeschnitten an der Luft. Im Backofen – beim Schnelltrocknen – verlieren sie – wie die meisten Speisepilze – Aroma.

Pilzpulver aus getrockneten Champignons löst man am besten vorher einige Minuten im lauwarmen Wasser (oder in Brühe) auf. Man kann es selbst herstellen, wenn man getrocknete Pilze im Mörser zerstampft oder durch die Mühle dreht.

Das ABC der Zubereitungsarten

Es gibt viele Möglichkeiten, frische Champignons schmackhaft und delikat zuzubereiten. Meist ist die einfachste Art auch die beste.

Ausbacken
Pilzhüte salzen, pfeffern und panieren. In reichlich heißem Fett goldbraun und knusprig werden lassen.

Braten
Pilzhüte oder größere Stücke im heißen Fett in der Pfanne oder Kasserolle garen. Die Bratdauer beträgt zwischen 10 und 15 Minuten.

Braten ist dem Pilz besonders angemessen. Er entfaltet sein volles Aroma und ist gut verdaulich. Nicht umsonst heißen im Volksmund viele Pilze einfach Röstling.

Dämpfen
Pilze feinschneiden und im Siebeinsatz eines Dämpfers über kochendem Wasser im Dampf garen, ohne daß sie dabei mit Flüssigkeit in Berührung kommen.

Dämpfen ist eine schonende Art der Zubereitung und dem Kochen vorzuziehen. Allerdings geht den Pilzen auch beim Dämpfen viel Aroma verloren.

Dünsten
Pilze feinschneiden (oder in kleinere Stücke) mit Fett im eigenen Saft ohne Bräunung garen. Dabei wird nur eine Temperatur von ca. 100° C erreicht, die meisten Mineralstoffe und das Aroma bleiben dem Pilz erhalten.

Folie
Garen im eigenen Saft ohne oder mit sehr wenig Fett in der Alufolie. Die Pilze werden auf diese Weise überaus schonend zubereitet. Sie bilden keine Röststoffe; Aroma und Saft werden erhalten. Die Garzeit beträgt wenige Minuten.

Fritieren
Unzerteilte Pilzhüte in Ausbackteig wälzen und in heißem Fett (etwa 200° C) schwimmend ausbacken. Die Pilze herausnehmen, sobald der Teig goldgelb ist, und zum Abtropfen auf ein Sieb oder auf Küchenkrepp legen. Sie sollen erst nach dem Garen gesalzen werden.

Ist das Fett nicht heiß genug, saugen sich die Pilze mit Fett voll und sind dann schwer bekömmlich und wenig schmackhaft.

Gratinieren
Gedünstete Pilze in eine Auflaufform schichten, mit Sahne übergießen, evtl. mit Käse bestreuen und 20 Minuten im vorgeheizten Backofen überbacken, bis sich eine goldbraune Kruste bildet.

Grillen
Garen unter Bräunung bei hoher Umgebungshitze. Die Temperatur kann 700° C und mehr betragen. Gegrillte Pilze sind aromatisch und bekömmlich.

Grillstäbe sollen gut eingeölt sein, auch empfiehlt sich das Einpinseln der Pilze mit Öl. Gewürzt wird erst nach dem Grillen. Auf dem Rost können die Pilzhüte unzerteilt gegrillt werden. Es empfiehlt sich, sie mit zerlassener Butter zu beträufeln und sie während des Grillens mehrfach damit zu bestreichen.

Kochen
Garen in reichlich Flüssigkeit bei gleichbleibender Temperatur von 96 bis 100° C in bedecktem Geschirr. Meist werden die Geschmacks- und Wertstoffe aus dem Nahrungsmittel gelöst und gehen in die Kochflüssigkeit über. Nach Möglichkeit sollte deshalb der Sud verwendet werden.

Werden die Pilze vorher angeschmort, bleibt ihr Geschmack würziger.

Zur Herstellung einer kräftigen Pilzbrühe werden die Pilze in kaltem Wasser aufgesetzt und im geschlossenen Topf etwa 1 Stunde gekocht. Zwiebel oder Wurzelgemüse mitkochen!

Schmoren
Kräftiges Anbraten im heißen Fett bei ca. 180° C in offenem Geschirr und anschließendes Garen in wenig Flüssigkeit mit geschlossenem Geschirr.

Der Topfboden soll immer mit Flüssigkeit bedeckt sein, deshalb ist öfter Flüssigkeit nachzugießen.

Die eigentliche Zubereitungsart für Champignons ist nicht das Schmoren. Es ist deshalb zu empfehlen, die Pilze höchstens anzuschmoren, sie dann aber gar zu dünsten.

Scharf angeschmort werden Champignons in Schweineschmalz oder Speck. Sollen sie für eine dunkle Sauce verwendet werden, kann Tomatenmark dazu gegeben werden.

Die bekanntesten Pilzgerichte

Speckpfanne

1 Stück durchwachsenen Räucherspeck (50 bis 100 g) in Würfel schneiden

1 große Zwiebel feinhacken

250 g frische Champignons in große Stücke schneiden

Salz, Pfeffer

Spritzer Zitronensaft

Prise Zucker, evtl. etwas Muskat

2 EL feingehackte Petersilie

nach Belieben süßer Rahm

Speck und Zwiebel in der Pfanne glasig dünsten, Pilze dazugeben und zugedeckt ca. 10 Minuten garen. Abschmecken und mit Petersilie untergerührt oder überstreut servieren.

Nach Belieben mit Rahm andicken.

Zu grünem Salat mit Knödeln, Kartoffeln, Reis, Teigwaren oder Brot.

Panierte Pilzhüte

Von großen Pilzen die Stiele abdrücken. Pilzhüte leicht salzen, in Ei und Semmelbrösel oder Mehl wälzen und im heißen Fett einige Minuten in der Pfanne von beiden Seiten braun backen.
Mit frischem Salat anrichten.

Die kleinen Gerichte...

Champignonpfanne

Frische Champignons abtrocknen. In einer weiten Pfanne Öl erhitzen und die Pilze mit dem Stiel nach oben so verteilen, daß jeder Pilz auf dem Pfannenboden aufliegt. Mit feingehackter Petersilie bestreuen.

Eine Minute bei starker Hitze braten, leicht salzen. Deckel aufdrücken und ca. 5 Minuten weitergaren, bis Pilze zu saften beginnen. Sofort aus der Pfanne servieren.

Pilzpfanne à la helvetique

50 g Butter

100 g Zwiebel feinhacken

500 g frische Champignons in Scheiben schneiden

Pfeffer, Salz

Mehl zum Bestäuben

1 EL feingehackte Petersilie

In der Pfanne Butter schmelzen, Zwiebel darin hellblond dünsten. Pilze hinzufügen, würzen, bei starker Hitze Saft auf die Hälfte reduzieren, mit Mehl bestäuben, schütteln, kurz durchkochen, noch einmal abschmecken und mit Petersilie bestreut servieren.

Pilzpfanne à la anglaise

50 g Butter

100 g Frühstückspeck (Bacon) in Scheiben schneiden

500 g frische Champignons in Scheiben schneiden

1 TL Zitronensaft

Prise Zucker

Pfeffer, Salz

In der Pfanne Butter erhitzen. Speck darin braten. Pilze dazugeben und bei kräftiger Hitze rasch dünsten, bis der Saft eingekocht ist. Zitronensaft. Zucker und Gewürz einrühren und heiß servieren.

Champignons à la française

⅛ l Wasser

50 g Butter

2 EL Zitronensaft

Prise Salz

500 g frische Champignons

Wasser mit Butter, Zitronensaft und Salz aufkochen. Champignons dazugeben und 5 Minuten lebhaft kochen.

Die Champignons bleiben schön weiß.

Champignons in Sahne (Frankreich)

8 frische unzerteilte mittelgroße Champignons, Stiele abdrücken

⅛ l Sahne

Salz

Pilze in Sahne andünsten, bis die Ränder leicht bräunen. Sahne auffüllen und weiterdünsten, bis die Sahne ganz eingezogen ist und die Pilzränder wieder braun geworden sind.

Nur ganz leicht salzen. *Zu getoastetem Brot.*

Gegrillte Pilzhüte (eine Portion)

3 – 4 mittelgroße frische Champignons

Salz, Pfeffer

Öl zum Bestreichen

Pilzstiele abknicken, Pilzhüte rasch waschen und mit Küchenpapier abtrocknen, würzen, mit Öl bestreichen (dafür einen Pinsel benützen).

Pilzhüte mit der Lamellenseite auf den sehr heißen Grill legen, nach 3 Minuten wenden und abermals bepinseln.

Wenn sich Saft bildet, sind die Pilze gar. Auf jeden Pilz ein Stück Kräuterbutter legen, evtl. mit Zitronensaft beträufeln und zu Toastbrot essen.

In den USA serviert man sie mit scharfer Sauce:

Inhalt einer Flasche Tomatenketchup, Saft einer Zitrone, 1 TL Tabasco, 1 TL Senf, 1 TL Worchestershire, 1 TL Selleriesalz und 1 sehr feingehackte Zwiebel miteinander verrühren und 2 Stunden im Kühlschrank kaltstellen.

Fritierte Champignons

Ausreichende Menge Fritierfett

250 g frische Champignons pro Portion

Salz

Fett in der Friteuse auf 175° C erhitzen.

Pilze unzerteilt waschen und mit Küchenkrepp abtrocknen. Im heißen Fett 3 – 4 Minuten garen, herausnehmen, abtropfen, leicht salzen und mit Remoulade, Kräuter- oder Knoblauchbutter servieren.

Man kann die Pilze auch panieren in Mehl, verquirltem Ei und Semmelbrösel oder durch einen Backteig ziehen und schwimmend im heißen Fett ausbacken.

Für Champignonköpfe eignet sich eine Käsepanade:

150 g Schweizer Käse feinreiben, mit 5 verquirlten Eiern und 50 g Semmelbrösel verrühren.

Pilzköpfe leicht salzen, mit Zitronensaft beträufeln, in Mehl wälzen, mehrmals in der Käsepanade wenden und bei 175° C schwimmend ausbacken, bis die Panade goldgelb ist.

Abbildung gegenüberliegende Seite:
Gegrillte Pilzhüte zum Rezept auf dieser Seite.

Pilzschnitzel

500 g frische Champignons in Stücke teilen

20 g Butter

1 kleine Zwiebel

½ Bund Petersilie feinhacken

2 Eier

Semmelbrösel soviel wie nötig

Salz und Pfeffer

Fett zum Braten

Pilze in Butter braten, bis der Pilzsaft eingeschmort ist, abkühlen lassen und mit der Zwiebel durch den Fleischwolf drehen.

Pilzhack mit Petersilie, Eiern, Semmelbröseln und Gewürzen zu einem Teig verarbeiten. In Portionen teilen, mit nassen Händen flache Küchlein formen und im heißen Fett unter mehrfachem Wenden auf beiden Seiten knusprig braun braten. *Auch paniert oder im Teigmantel schmecken Pilzschnitzel gut.*

Oder: Pilze und Zwiebeln in heißer Butter 10 Minuten dünsten. 2 in Milch eingeweichte, gut ausgedrückte Semmeln mit 2 – 3 EL Schmalz glattrühren und abkühlen lassen.

Dann Pilz-Zwiebelteig mit Semmeln, 1 Ei, 2 EL gehackter Petersilie und 2 EL Grieß oder Semmelbrösel verrühren. Mit Salz, Pfeffer und einigen Tropfen Zitronensaft abschmecken. Mit nassen Händen flache Küchlein formen und in heißer Butter mit Öl gemischt beidseitig hellbraun backen.

Champignons in Bierteig

3 TL Mehl

1 Ei

1 kleines Glas helles Bier

wenig Salz

500 g frische Champignons, Stiele abdrücken

Backfett

Aus Mehl, Ei, Bier und Salz einen geschmeidigen, dickflüssigen Teig zubereiten, die Pilze eintauchen, in heißem Fett schwimmend 3 Minuten backen, einzeln herausnehmen, abtropfen lassen und leicht salzen. Mit Mayonnaise und grünem Salat servieren.

Variante: Pilze vorher in Öl und Zitronensaft marinieren.

Abbildung gegenüberliegende Seite:
Pilzbrötchen zum Rezept auf Seite 25.

Ausgebackene Pilze mit Sauce Tatare

Für die Sauce

2 hartgekochte Eigelb durch ein Sieb streichen

Salz, frisch gemahlener weißer Pfeffer

7 EL Öl

Zitronensaft

1 kleine Salzgurke in kleine Würfel schneiden

1 EL Kapern grob hacken

2 EL feingeschnittener Schnittlauch

Außerdem

400 g frische Champignons

2 Eier mit

Salz und Pfeffer verquirlen

5 EL Semmelbrösel

Fett zum Fritieren

1 Bund Petersilie zum Garnieren

Die Sauce 1 Stunde vor Gebrauch zubereiten:

Eigelb würzen und tropfenweise Öl einrühren, bis eine glatte Masse entsteht. Mit Zitronensaft abschmecken. Gurke, Kapern und Schnittlauch unterrühren. Kaltstellen.

Gewaschene Pilze mit Küchentuch abtrocknen, längs halbieren. Nacheinander in Mehl, Eiern und Semmelbrösel wenden.

Inzwischen Fritierfett auf 175° C erhitzen. Panierte Pilze darin goldgelb backen.

Mit Petersilie garniert anrichten und die Sauce dazu reichen.

Pilzfrikadellen

3 eingeweichte Brötchen mit Butter, viel gehackter Petersilie und Schnittlauch abdämpfen. Dann 500 g gedünstete, durch den Fleischwolf gedrehte Austernpilze und 2 Eier untermengen, leicht würzen, fingerdicke Frikadellen formen, in Paniermehl wenden und in Butter braten oder in Öl ausbacken.

Gefüllte Pilzhüte

Gefüllte Pilzhüte (Grundrezept)

8 große frische Champignons	**1 Ei**
1 kleine Zwiebel feinhacken	**Salz, Pfeffer**
Schnittlauch feinschneiden	**Butter zum Einfetten**
125 g Hackfleisch	**Butterflöckchen**

Ofen auf 200° C vorheizen.

Pilzstiele am Hutrand abknicken, feinhacken, mit Zwiebel, Schnittlauch, Hackfleisch und Ei (evtl. etwas Semmelbrösel) geschmeidige Masse zubereiten. Mit Salz und Pfeffer würzen. Pilzhüte auf der Innenseite leicht salzen, hoch mit der Masse füllen, in gebutterte Auflaufform setzen, Butterflöckchen aufsetzen, die übrig gebliebene Masse um die Pilzhüte verteilen und ca. 15 Minuten – je nach Größe der Pilze – backen. Sofort heiß servieren.

Im Teigmantel

250 g Hackfleisch, 4 Schalotten, ½ rote Paprika, 1 Stengel Stangensellerie, würzen mit Ingwer, Sojasauce, Salz und Pfeffer, binden mit 1 Eiweiß und 1 TL Maisstärke, etwa 20 mittelgroße Pilzhüte füllen, in gewürztem Mehl wälzen, in einen Teig aus je ⅓ Tasse Maismehl und Mehl, mit 1 TL Backpulver, Salz und je ¼ Tasse Wasser und Milch tauchen und schwimmend in nicht zu heißem Öl 5 Minuten goldbraun backen.

Provencale

Semmelbrösel in Butter rösten, in Duxelles (S. 69) mit feingehackter Petersilie, Salbei, Majoran und Basilikum mischen, in vorbereitete Pilzhüte füllen und gratinieren.

Mit Zwiebeln und Knoblauchbutter

für Knoblauchbutter	Außerdem
60 g Butter	**8 große frische Champignons**
2 Knoblauchzehen durchpressen	**10 g Butter**
Salz	**1 große Zwiebel feinhacken**
	2 EL geriebener Parmesankäse

Knoblauchbutter zubereiten.

Stiele von den Champignons abdrücken, äußeren Rand der Pilzköpfe wegschneiden, mit kleinem Löffel die Köpfe leicht aushöhlen. In Butter Zwiebel hellblond dünsten. Champignonköpfe auf die Zwiebel legen und bei mittlerer Hitze 5 Minuten dünsten, dabei zur Hälfte der Zeit wenden, dann mit der Gabel herausnehmen, in der Grillpfanne anrichten, mit Knoblauchbutter dick besetzen, mit Parmesan bestreuen und rasch grillieren.

Mit Béchamel

Die Hüte von 12 frischen großen Pilzen mit 20 g Butter in einer Pfanne auf kleiner Hitze dünsten. Die Stiele und 6 mittelgroße frische Pilze feinhacken, mit Zitronensaft beträufeln, in 20 g Butter dünsten, bis Pilzsaft eingekocht ist. 2 Scheiben gekochten Schinken feinhacken und unter die gehackten Pilze geben.

Von 125 g Butter mit Mehl, ½ l Milch und 1 Becher Crème fraîche eine Béchamelsauce kochen, 2 Eigelb einrühren, mit Salz, Pfeffer und Muskat abschmekken. Hälfte der Sauce mit Pilzhack vermischen, 1 EL geriebenen Gruyèrekäse unterrühren, die großen Pilzhüte hoch füllen und in eine gebutterte feuerfeste Form setzen. Rest der Farce um die Pilzhüte verteilen. Restliche Béchamelsauce mit 50 g geriebenem Käse verrühren, um die Pilze gießen, Butterflöckchen aufsetzen und überbacken.

Köstlichkeiten mit frischen Champignons

Toast diabolo (Italien)

250 g frische Champignons in feine Scheiben schneiden

etwas Butter, 1 EL Olivenöl

1 EL Mehl

⅛ l Sahne

weißer Pfeffer, Salz

Toastbrot

Butter

2 Tomaten in Scheiben schneiden

4 Scheiben Gouda

4 Scheiben Frühstücksspeck

Pfeffer

Pilze 2 Minuten in Butter-Ölgemisch andünsten, mit Mehl bestäuben. Sahne zugießen, salzen, pfeffern und einige Minuten ziehen lassen.

Toastbrot mit Butter bestreichen und in feuerfeste Form legen. Champignons darauf schichten. Tomatenscheiben, Gouda und Frühstücksspeck auflegen, pfeffern, im vorgewärmten Ofen bei starker Hitze überbacken, bis der Speck braun wird und der Käse zu zerlaufen beginnt.

Pilzschnitten

60 g Butter	**Spritzer Zitronensaft**
1 mittelgroße Zwiebel feinhacken	**Prise Zucker**
1 Knoblauchzehe zerdrücken	**Pfeffer, Salz**
500 g frische Champignons in Scheiben schneiden	**¼ l Sahne**
	⅛ l saurer Rahm

In heißer Butter Zwiebel und Knoblauch hellblond dünsten, Champignons dazugeben, mit Zitronensaft beträufeln, würzen, bei starker Hitze unter Rühren andünsten, Deckel auflegen, zum Kochen bringen.

Ohne Deckel Saft vollständig einkochen, Sahne einrühren und ebenfalls vollständig einkochen.

Sauren Rahm im Becher verrühren, an die Champignons geben und erhitzen, aber nicht kochen. Abschmecken.

In manchen Gegenden ist es üblich, zusätzlich die frischen Champignons mit in Weißwein verrührtem Stärkemehl zu binden.

Diese Masse wird etwa fingerdick auf Toast, Brot usw. kalt oder warm gestrichen und nach Geschmack garniert, z. B. mit Spiegelei, Rührei, harten Eiern; Käsescheiben; Schinken oder Frühstücksspeck (gebraten); in Butter leicht gedünstetem Geschnetzeltem von Fisch oder Fleisch; Spargelspitzen; Blattspinat, mit gehackten Sardellen gewürzt; Artischocken-Böden; gebackenen Zwiebelringen; gebratenen kleinen Würstchen; eingedicktem Tomatenfleisch; kurz in Butter gebratenen Bananen-, Apfel- oder Mangoscheiben; Shrimps oder Krabbenfleisch oder Schnecken mit milder Kräuterbutter.

Auch diese Standardschnitten lassen sich wieder untereinander kombinieren, z. B. Schinken mit Spiegeleiern, Tomaten mit Käse und gratiniert, Leberschnittchen mit Frühstücksspeck usw.

Pilzbrötchen

250 g frische Champignons grob hacken, mit gehackter Zwiebel und Petersilie in Butter dünsten, bis der Saft eingekocht ist. Mit Salz und Pfeffer würzen, mit Zitronensaft abschmecken. Abkühlen lassen.

Brötchen halbieren, aushöhlen, mit gebratener Speckscheibe belegen, mit Pilzhack füllen und mit Eischeiben garnieren.

Man kann Pilzhack mit Rührei und Tomatenwürfeln zubereiten und die Brötchen auf dem Backblech bei 180° C knusprig backen.

Frühlingsrollen

2 EL feingehackte Petersilie

1 EL Öl

400 g frische Champignons fein schneiden

250 g Sojabohnensprossen

Sambal oelek (scharfes asiatisches Gewürz)

Sojasauce

Zitronensaft

Salz, Pfeffer

1 Päckchen Strudelteig

Eiweiß zum Bestreichen

Fritierfett

Petersilie in Öl andünsten. Champignons und Sojabohnensprossen dazugeben, mit Gewürzen nicht zu mild abschmecken und solange garen, bis alles gut durchgesaftet ist.

Teig ausrollen, in etwa handtellerbreite Streifen schneiden, reichlich längs füllen, an den Seiten mit Ei bestreichen, zusammenrollen. Seitenränder fest aufeinander drücken und in sehr heißem Fett schwimmend (am besten in der Friteuse) rundherum einige Minuten bräunen.

Werden die Frühlingsrollen ohne Beilagen gereicht, gelten sie als Zwischengericht; *mit Beilagen wie Rettichquark, Champignonpürree, Avocadopürree o. ä. sind sie ein vollwertiges Hauptgericht.*

Champignon-Kroketten

30 g Butter

1 mittelgroße Zwiebel feinhacken

1 Knoblauchzehe durchpressen

500 g frische Champignons feinhacken

Salz, Pfeffer

50 g weißes Saucenpulver

100 ccm warme Milch

1 Ei und 1 Eigelb

in Butter geröstete Semmelbrösel (ca. 50 g)

Zum Panieren

wenig Mehl

2 Eier

Paniermehl

In heißer Butter Zwiebel und Knoblauch hellblond dünsten, Champignons zugeben, mit Salz und Pfeffer würzen.

Saucenpulver mit Milch anrühren, in die Champignons gießen und bei geringer Hitze kurz durchkochen.

Semmelbrösel in die Champignons geben und zugedeckt ohne Hitze 10 Minuten stehen lassen. Dann Ei und Eigelb dazurühren und mit geringer Hitze die Masse tüchtig abrühren, auf eine geeignete Platte etwa 1,5 cm dick streichen. Folie darüberlegen und erkalten lassen.

Teig in ca. 7 × 2 cm große Stücke schneiden, leicht mit Mehl bestäuben, Kroketten formen, in aufgeschlagenem Ei und Paniermehl wenden und in der Friteuse bei 200° C ausbacken.

Variante: feingehackten Schinken in die Masse geben, kleine Bällchen formen, panieren, ausbacken und auf Spießchen zum Aperitif, kaltem Buffet oder als Garnitur zu Fleisch- oder Fischgerichten reichen.

Abbildung gegenüberliegende Seite:
Champignon-Kroketten zum Rezept auf dieser Seite.

Champignon-Eierfrikassee

300 g frische Champignons, Stiele abdrücken

¼ l Milch

2 EL Butter

1 Zwiebel feinhacken

2 EL Mehl

¼ l Bouillon

etwas Zitronensaft

Salz, frisch gemahlener Pfeffer

5 hartgekochte Eier feinhacken

300 g gegarte Spargelspitzen abtropfen lassen

1 EL feingehackte Petersilie

Champignons auf kleinem Feuer in Milch ca. 10 Minuten garen und abschöpfen. In heißer Butter Zwiebel andünsten, mit Mehl bestäuben, verrühren, mit Bouillon und Pilzmilch aufgießen, mit Zitronensaft, Salz und Pfeffer abschmecken und dick einkochen.

Champignons, Eierhack und Spargelspitzen unterrühren, erhitzen und mit Petersilie bestreut *auf Toast servieren.*

Schinkenrollen mit Pilzfüllung

10 Scheiben gekochter Schinken

Butter zum Anbraten

300 g frische Champignons in Scheiben schneiden

2 EL Butter

1 EL feingehackte Petersilie

etwas Zitronensaft

Salz, frisch gemahlener Pfeffer

3 Tomaten in Achtel schneiden

einige gefüllte grüne Oliven

Schinkenscheiben in Butter anbraten und warmstellen. Pilze in heißer Butter zusammen mit Petersilie dünsten, mit Zitronensaft, Salz und Pfeffer würzen und Pilzsaft einkochen. Pilze auf Schinkenscheiben verteilen, einrollen und mit Tomatenachteln und Oliven garniert *zuToast servieren.*

Abbildung gegenüberliegende Seite:
Champignonsauce zum Rezept Seite 38.

Frischer Pilzsalat und marinierte Pilze

Einfacher Pilzsalat in verschiedenen Marinaden

300 g frische Champignons in Salzwasser mit etwas Zitronensaft 5 Minuten kochen (nach Belieben auch in Weißwein). Auf einem Sieb abtropfen lassen, kleinere Pilze halbieren, größere vierteln oder in Scheiben schneiden. Inzwischen die Salatmarinade mischen, die Pilze noch warm unterheben, kalt stellen und 1 Stunde durchziehen lassen.

Essig-Ölmarinade
1 EL Essig, 2 EL Öl, geriebene Zwiebel, Salz, etwas Pfeffer.

Kräutermarinade
1 EL Zitronensaft, 2 EL Öl, 1 kleine Zwiebel feinschneiden, Salz, Pfeffer, 2 EL feingehackte Kräuter (Petersilie, Schnittlauch, Kresse, Dill, Borretsch).

Senfmarinade
1 EL Essig, 1 EL Öl, 1 TL Senf, 1 Prise Zucker, Salz, etwas Milch (gehaltvoller mit 1 verquirltem Ei).

Mayonnaisen-Senfmarinade
2 EL Mayonnaise, 1 TL Senf, 1 – 2 TL Zitronensaft, Salz.

Rahmmarinade
1 EL Weinessig, 1 EL Öl, 2 EL saure Sahne, Salz.

Tomatenmarinade
1 EL Essig, 1 EL Öl, 1 EL Tomatenmark, 1 TL Paprika, Salz, Pfeffer.

Salat von Champignons und Austernpilzen

100 g Champignons in Scheiben und

150 g Austernpilze in Streifen schneiden

20 g Butter

2 Schalotten in Ringe und

einige Salbeiblättchen in Streifen schneiden

1 EL Öl

1 EL Sherryessig

2 EL Öl

Salz, Pfeffer

einige Speckscheiben

Pilze getrennt in wenig Butter kurz dünsten.
Schalotten und Salbei in Öl andünsten und über die Pilze geben.
Aus Essig, Öl, Salz und Pfeffer eine Marinade zubereiten und über die Pilze gießen.
Speckscheiben blanchieren, in kleine Stücke schneiden, kroß rösten, zum Salat legen und den Salat noch lauwarm servieren.

Fleischsalat mit frischen Pilzen (Schweiz)

250 g frische Champignons in feine Streifen und Blättchen schneiden

½ Zwiebel feinhacken

1 EL Öl

Saft ½ Zitrone (oder 2 EL Weißwein)

200 g gekochtes Rindfleisch in kleine Würfel schneiden

2 Eier hartkochen, schälen und grob hacken

Für die Sauce

1 TL milder Senf

1 TL Streuwürze

2 El Weinessig

2 EL Öl

2 EL Mayonnaise

feingehackte Petersilie

Pilze und Zwiebel in Öl kurz andünsten, Zitronensaft beifügen und einkochen lassen. Abkühlen lassen und mit Fleisch und Eiern vermengen.

Alle Saucenzutaten verrühren und darunterziehen. Vor dem Servieren ca. 30 Minuten ziehen lassen, dann mit Petersilie bestreuen und nach Belieben mit Tomatenschnitzen garnieren.

Pikanter Pilzsalat

200 g frische Champignons

125 g Gouda

2 Scheiben Ananas

Für die Sauce

3 EL Mayonnaise

3 EL Sahne

30 g Walnüsse feinhacken

Pilze, Käse und Ananas in kleine Würfel schneiden und miteinander vermengen, Mayonnaise mit Sahne und Nüssen verrühren und über den Pilzsalat geben.

Champignonsalat spezial

500 g frische Champignons in dicke Scheiben schneiden

Zitronensaft

Schalotten

4 EL Öl

5 Tomaten häuten, entkernen und in Achtel schneiden

2 EL feingeschnittener Schnittlauch

Salz, frisch gemahlener Pfeffer

2 Knoblauchzehen durchpressen

Pilzscheiben mit Zitronensaft beträufeln.

Schalotten in heißem Öl andünsten, Pilze zugeben, unter Wenden leicht anbraten, Deckel auflegen, auf große Hitze solange dünsten, bis der Saft fast eingekocht ist.

Tomatenachtel und Schnittlauch zugeben, mit Salz, Pfeffer und Knoblauch würzen, eventuell mit Zitronensaft abschmecken. Warm oder kalt servieren.

Champignonsalat mit Speck

Champignons in Scheiben schneiden, mit Zitronensaft beträufeln und salzen. Fetten Speck in Würfel schneiden, in der Pfanne bräunen und zu den Pilzen geben.

Essig in der noch heißen Pfanne erwärmen, über die Pilze gießen, mischen und sofort servieren.

Champignonsalat

50 g Mayonnaise

2 EL saure Sahne

1 TL Meerrettich

1 EL Zitronensaft

Salz, Pfeffer

je 1 EL feingehackter Dill, Gartenkresse, Petersilie o. ä.

300 g frische Champignons

Alle Zutaten miteinander vermengen. Champignons roh oder überbrüht in feine Scheiben schneiden, die Sauce darüber geben, kurz ziehen lassen und kalt servieren.

Champignons à la Nora

4 mittelgroße Tomaten

250 g frische Champignons

Salz

Saft von einer Zitrone

2 El Salatöl

Tomaten und Champignons in Scheiben schneiden. Tomatenscheiben auf dem Boden einer Salatschüssel verteilen. Champignons darüberschichten und leicht salzen.

Zitronensaft und Öl dazugeben und alles miteinander vermengen.

Den Salat vor dem Servieren einige Minuten bei Raumtemperatur ziehen lassen.

Chinesischer Pilzsalat

200 g frische Champignons

2 Bananen

2 weiche Birnen

1 Tasse Ananasstücke

Zucker, Salz, Pfeffer

¼ l Sahne steifschlagen

Pilze, Bananen, Birnen und Ananas in kleine Würfel schneiden, mit Zucker, Salz und Pfeffer würzen und 10 Minuten ziehen lassen. Sahne unterheben und sofort servieren.

Champignon-Rapunzelsalat

250 g frische Champignons in Scheiben schneiden

1 EL Öl

1 EL Zitronensaft

Salz, Pfeffer, Zucker

100 g Feldsalat

1 Bund Radieschen in Scheiben schneiden

Für die Sauce

½ Becher Crème fraîche

1 EL Tomatenketchup

1 EL Milch

2 EL gehackte Kräuter

Salz, Pfeffer

Champignons in Öl mit Zitronensaft, Salz, Pfeffer und Zucker marinieren. Dann mit Feldsalat und Radieschen in einer Schüssel anrichten. Sauce verrühren, abschmecken und über den Salat geben.

Mariniert à la Greque

Marinade

3 Tassen Hühnerbrühe

1 Tasse herber Weißwein

1 Tasse Olivenöl

½ Tasse Zitronensaft

2 große Knoblauchzehen feinhacken

6 Petersilienwurzeln

10 Pfefferkörner

Thymian

1 TL Salz

Außerdem

500 g frische Champignons in dicke Scheiben schneiden

6 EL feingehackte Petersilie

2 Zitronen in dünnen Scheiben

Alle Zutaten für die Marinade im bedeckten Geschirr eine Stunde kochen, durchsieben, wieder zum Kochen bringen. Pilze hineingeben. 10 Minuten schwach köcheln, abkühlen lassen und einige Stunden im Eisschrank zugedeckt kühlen.

Pilze mit dem Schaumlöffel aus der Marinade heben, auf einer Platte anrichten, mit Petersilie bestreuen und mit Zitronenscheiben garnieren.

Klare Brühe mit Champignonklößchen

200 g frische Champignons feinhacken	**1 EL Speisestärke**
80 g Butter	**100 g Semmelbrösel**
2 Eier	**1 l kräftige Fleischbrühe**
Salz	**½ Bund Petersilie feinhacken**
weißer Pfeffer aus der Mühle	

Pilze in wenig Butter gardünsten.

Restliche Butter schaumig rühren, Eier unterrühren, würzen, abgekühlte Pilze mit Speisestärke und Semmelbrösel untermengen.

Kleine Klößchen formen und in köchelnder Brühe garen.

Abschmecken und vor dem Servieren mit Petersilie bestreuen.

Champignonsuppe mit Käse überbacken (Frankreich)

1 kleine Zwiebel und	**1 EL Mehl**
1 Zehe Knoblauch feinschneiden	**¾ l Bouillon**
1 EL Butter	**Salz, Pfeffer**
200 g frische Champignons in feine Scheiben schneiden	**4 Scheiben Weißbrot**
	4 Scheiben Emmentaler

Zwiebel und Knoblauch in Butter andünsten, Pilze darin schwenken, mit Mehl bestäuben, hell bräunen, Brühe kalt dazugeben, garen und abschmecken.

In feuerfeste Schalen füllen mit je einer Scheibe Weißbrot und Käse belegen und bei guter Oberhitze im Rohr solange überbacken, bis der Käse zu zerlaufen beginnt.

Soll die Suppe sättigen, werden vor dem Einfüllen dünne Streifen von gekochtem Schinken unter die Pilze gemengt.

Legierte Champignonsuppe

1 EL feingeschnittenes Suppengrün	**Salz, Pfeffer**
1 EL Butter	**¾ l magere Bouillon**
400 g frische Champignons	**1 Eigelb mit**
1 TL Mehl	**1 Tasse Sahne verrühren**
	1 EL feingehackte Petersilie

Suppengrün in Butter andünsten, Pilze dazugeben, mit Mehl bestäuben, würzen, mit Bouillon aufgießen, 10 Minuten kochen und vom Feuer nehmen. Mit Eigelbsahne legieren, und mit Petersilie bestreut zu geröstetem Weißbrot servieren.

Pilzcremesuppe

50 g Butter
1 Zwiebel feinhacken
1 Knoblauchzehe zerdrücken
350 g frische Champignons
50 g Mehl
½ l Fleischbrühe
Salz, Pfeffer
Prise geriebene Muskatnuß
½ l Milch
⅛ l Sahne
geröstete Zwiebelringe

In Butter Zwiebel und Knoblauch andünsten. Hälfte der Pilze in große Stücke schneiden, mitdünsten, bis sie weich sind. Mehl darüberstäuben, gut verrühren, nach und nach Brühe zugießen und zum Sieden bringen. Zugedeckt 20 Minuten köcheln. Die Suppe durchpassieren und in den Topf zurückgießen. Würzen. Die restlichen Pilze in feine Scheiben schneiden, mit der Milch in die Suppe geben und weitere 10 Minuten kochen.

Sahne einrühren, erhitzen, aber nicht mehr kochen. Noch einmal abschmecken.

In Suppentassen füllen und mit Zwiebelringen garnieren.

Pilzsuppe

2 Zwiebeln schälen und feinhacken
500 g frische Champignons feinschneiden
1 l heiße Fleischbrühe
wenig Mehl
Salz, Curry
1 TL Zitronensaft
1 Bund Petersilie feinhacken

Zwiebeln glasig dünsten, Pilze dazugeben, weitere 5 Minuten dünsten, dabei mehrfach wenden und rühren, Fleischbrühe aufgießen und gut 10 Minuten kochen lassen.

Mit Mehl binden, würzen und mit Zitronensaft abschmecken.

In Suppenschalen füllen und mit Petersilie bestreut servieren.

Champignonsauce

200 g frische Champignons in feine Scheiben schneiden

etwas Zitronensaft

½ Zwiebel feinschneiden

30 g Butter

30 g Mehl

¼ l Brühe

Pfeffer, Salz

Petersilie

4 EL Sahne

1 Eigelb

Champignonscheiben mit Zitronensaft beträufeln, Zwiebeln in Butter glasig dünsten, Champignons zugeben, andünsten, mit Mehl bestäuben, mit Brühe aufgießen, würzen. Bei schwacher Hitze garen, mit Sahne und Petersilie abschmecken, nach Belieben mit Eigelb legieren.

Schwammerlsauce zu Semmelknödel (Bayern)

800 g frische Champignons in Scheiben schneiden

½ l Salzwasser mit etwas Weißwein zum Blanchieren

Für die Sauce

1 EL Öl

1 kleine weiße Zwiebel feinhacken

30 g Butter

30 g Mehl

⅛ l trockner Weißwein

frisch gemahlener weißer Pfeffer

Zitronensaft

Prise geriebene Muskatnuß

⅛ l Büchsenmilch

1 EL gehackte Petersilie

Pilzscheiben blanchieren, durch ein Sieb abgießen, Pilzsud aufheben.
Im weiten, flachen Topf Öl erhitzen, Zwiebel darin goldgelb dünsten, Butter zugeben; sobald sie geschmolzen ist, Mehl darüberstreuen und unter ständigem Rühren anschwitzen. Pilzsud zugießen, Hitze reduzieren und mit dem Schneebesen rühren, bis die Sauce sämig ist. Pilze und einen Schuß Wein zugeben, gut umrühren und 30 Minuten köcheln.

Mit Pfeffer, Zitronensaft und Muskat abschmecken, eventuell nachsalzen und Wein nachgießen. Milch und Petersilie unterrühren, weitere 10 Minuten köcheln, mehrmals umrühren und sehr langsam kochen, damit die Sauce nicht am Topfboden ansetzt.

10 alte Semmeln in Scheiben

⅜ l warme Milch, Salz

1 TL geriebene Zwiebel

1 TL gehackte Petersilie

etwas Butter, 3 Eier

reichlich Salzwasser

Semmel mit Milch übergießen, etwas salzen und zugedeckt 20 Minuten stehen lassen. Salzwaser zum Kochen bringen.

Zwiebel und Petersilie in Butter dünsten, mit den Eiern an die Semmeln geben, zu einem geschmeidigen Teig verarbeiten und abschmecken. Falls der Teig nicht fest genug ist, mit Semmelbrösel, Mehl oder Grieß andicken. Mit nassen Händen glatte Knödel formen, in das kochende Salzwasser legen, zugedeckt wieder zum Kochen bringen, dann 20 Minuten ziehen lassen.
Mit dem Schaumlöffel Knödel aus dem Wasser heben, abtropfen lassen und sofort servieren.

Wiener Pilzsauce

- **1 El Butter**
- **2 EL Mehl**
- **2 Tassen heiße Milch**
- **2 Tassen heiße Brühe**
- **200 g frische Champignons feinhacken**
- **geriebene Muskat, Salz**
- **2 Eigelb**
- **½ Tasse Sahne**

In zerlassener Butter Mehl glattrühren, mit Milch und Brühe aufgießen, Pilze unterrühren, würzen, auf kleiner Hitze 8 Minuten kochen, vom Feuer nehmen.

Eigelb mit Sahne verquirlen, unterziehen, 3 Minuten stehen lassen, noch einmal verrühren und servieren.

Champignonsauce à l'italienne

- **2 EL Olivenöl**
- **1 Zwiebel feinhacken**
- **2 Knoblauchzehen durchpressen**
- **750 g frische Champignons in feine Scheiben schneiden**
- **Salz, frisch gemahlener Pfeffer**
- **1 Glas Weißwein**
- **¼ l Bratensauce**
- **1 EL Tomatenpürree**
- **1/10 l Sahne**
- **1 Bund Petersilie feinhacken**

In Öl Zwiebel und Knoblauch helldünsten. Pilze zugeben und gut durchdünsten, würzen, Wein dazugießen und etwas einkochen. Bratensauce und Tomatenpüree hinzugeben und 10 Minuten kochen. Mit Sahne und Petersilie verfeinern. *Zu Polenta oder Teigwaren servieren.*

Pilzgrieben

Pilze in Würfel schneiden, mit Salz bestreuen und 30 Minuten ziehen lassen. Dann in heißem Fett unter gelegentlichem Umrühren zu braunen Pilzgrieben braten.

Für Braten- und Tomatensaucen, Suppen und in Klößen verwenden. Im Kühlschrank einige Tage haltbar.

Pilzpüree mit Milchsauce

600 g frische Pilze	**Salz, Pfeffer**
50 g Butter, 1 EL Mehl	**Saft von ½ Zitrone**
¼ l Milch	**1 EL gehackte Kräuter**

Pilze im Fleischwolf oder mit Mixstab zerkleinern, in zerlassener Butter 5 Minuten erhitzen, mit Mehl bestäuben, schwitzen lassen, mit kalter Milch ablöschen und gut durchkochen. Salzen, pfeffern, mit Zitronensaft und Kräutern abschmecken.

Champignonpüree

500 g frische Champignons feinhacken	**1 Glas Weißwein**
Zitronensaft zum Beträufeln	**2 El Mehl, 2 EL Butter**
1 El Butter	**Salz, weißer Pfeffer**
1 mittelgroße Zwiebel feinhacken	**1 Tasse Sahne steifschlagen**

Gehackte Champignons mit Zitronensaft beträufeln.
In zerlassener Butter Zwiebel andünsten, Wein zugießen, Pilze zugeben und bei geringer Hitze 5 Minuten dünsten. Aus Mehl und Butter ein Teiglein kneten, in die Pilze geben, solange rühren, bis alles geschmolzen ist. Würzen, das Ganze pürieren oder durch ein Sieb streichen und die Sahne unterheben.

Feine Pastetenfüllung

200 g frische Champignons feinhacken	**Butter**
60 g rohen Schinken feinhacken	**3 EL kräftige Fleischbrühe**
2 Schalotten feinhacken	**1 EL Mehl**
1 EL feingehackte Petersilie	**wenig Muskat, Pfeffer, Salz**
1 TL abgeriebene Zitronenschale	**3 EL Weißwein**
	2 Eigelb

Champignons, Schinken, Schalotten, Petersilie und Zitronenschale mit Butter dünsten, mit Brühe aufgießen und 5 Minuten köcheln, erkalten lassen. Mehl und Gewürz einrühren, mit Weißwein aufgießen, unter ständigem Rühren kochen, bis eine dicke Masse entsteht. Mit Eigelb legieren.

Béchamel-Champignons (für eine Portion)

150 g frische Champignons	Sauce
etwas Butter	**1 EL Butter**
Petersilie	**1 EL Mehl**
Prise Salz	**1 Tasse heiße Milch**
	weißer Pfeffer, Salz

Pilze in größeren Stücken in gefettetem Topf mit Petersilie andünsten, im eigenen Saft garen und leicht salzen.

Im Topf 2 EL Butter zergehen lassen, Mehl hineinstäuben, 2 Minuten rühren und angehen aber nicht braun werden lassen. Topf vom Feuer nehmen, heiße Milch einquirlen, Topf wieder auf die Flamme stellen und die Sauce unter ständigem Rühren erhitzen, bis sie aufwallt. Hitze reduzieren, immer noch rührend 7 Minuten leicht kochen, bis Sauce dick genug ist; Topf vom Feuer nehmen, würzen, mit 1 Stück Butter verfeinern und die fertig abgeschmeckte Sauce über die Champignons gießen.

Schmackhaft zu Kartoffelpüree oder Röstkartoffeln mit Preiselbeeren oder Gemüse wie Blumenkohl.

Dietramszeller Schwammerlg'müs (Bayern)

500 g frische Champignons	**knapp ¼ l Brühe**
1 große weiße Zwiebel	**Salz**
1 Bund Petersilie	**Pfeffer**
1 EL Butter	**etwas Zitronensaft**
1 EL Mehl	**3 EL saurer Rahm**

Pilze in feine Scheiben schneiden. Zwiebel und Petersilie feinhacken.

Butter erhitzen, Zwiebel andünsten, Pilze dazugeben, kurz mitdünsten, umrühren, mit Mehl bestäuben, unter Rühren Brühe aufgießen und 10 Minuten garen.

Topf vom Feuer nehmen, Schwammerlg'müs salzen, pfeffern und mit Zitronensaft, saurem Rahm und Petersilie abschmecken (nach Belieben mit Eigelb legieren).
Mit Semmelknödeln anrichten.

Bohnen-Champignongemüse (Thüringen)

150 g durchwachsenen geräucherten Speck in grobe Würfel schneiden. In 1 EL Butter anbraten. 100 g geschälte, grob gewürfelte Zwiebeln darin hellblond braten. 600 g vorbereitete grüne Bohnen zugeben. ⅛ l Geflügelbrühe angießen. Mit Salz und Pfeffer würzen. Bei geringer Hitze solange garen, bis die Flüssigkeit fast eingekocht ist. 500 g Champignons waschen, mit Zitronensaft beträufeln, zu den Bohnen geben. 1 TL frisches oder getrocknetes Basilikum zugeben. Im geschlossenen Topf noch 5 Minuten kochen. Abschmecken.

Rumänisches Pilzragout

Gehackte Zwiebeln in Sonnenblumenöl anrösten, frische Champignons in dicken Scheiben beifügen, hellbraun rösten, mit Pfeffer und Salz würzen und mit Tomatenpüree und viel gehacktem Dill vermischen.

Pichelsteiner (Bayern)

500 g Kartoffeln

500 g frische Champignons

500 g Gemüse, gemischt nach Wahl (z. B. Wirsing, Weißkohl, Sellerie, Lauch, Petersilienwurzel o. ä.)

1 Gemüsezwiebel

Petersilie

50 g Fett zum Braten

Salz

Kartoffeln schälen und in Würfel schneiden. Pilze und Gemüse in grobe Stücke teilen. Zwiebel und Petersilie feinhacken.

In einem tiefen Topf Fett erhitzen und Zwiebel andünsten.

Gemüse dazugeben, halbweich dünsten, salzen.

Kartoffeln und Pilze dazugeben und gardünsten. Vor dem Anrichten Petersilie unterrühren.

Pichelsteiner schmeckt besonders herzhaft, wenn die Zwiebel in angebratenem Speck gedünstet wird.

Abbildung gegenüberliegende Seite:
Bohnen-Champignongemüse zum Rezept auf dieser Seite.

Gurken mit Champignons gefüllt

3 mittelgroße Gurken halbieren, entkernen, mit Zitronensaft beträufeln. 2 feingehackte Zwiebeln darin verteilen. 400 g frische Champignons hacken, mit Zitronensaft, 1 Ei und soviel Semmelbröseln mischen, daß ein geschmeidiger Teig entsteht. Salzen und pfeffern. Gurken füllen, mit Butterflöckchen belegen, mit gehackter Petersilie bestreuen. 6 Scheiben durchwachsenen, geräucherten Speck im Topf ausbreiten, Gurken drauflegen, ½ l Fleischbrühe angießen. 20 Minuten garen.
Noch ⅛ l Sahne darübergießen.

Gratinierter Blumenkohl mit Salamistreifen (Ungarn)

1 großer Blumenkohl (800 g)
Salz
150 g frische Champignons
150 g ungarische Salami (Herz oder Pick)
40 g Butter
1 TL Delikateß-Paprikapulver
weißer Pfeffer
¼ l saure Sahne
2 EL geschnittener Schnittlauch

Den Blumenkohl am Strunk abschneiden, die äußeren Blätter entfernen und gut waschen. In einem Topf etwa 1 l Wasser und Salz zum Kochen bringen, den in Röschen geteilten Blumenkohl hineinlegen und in etwa 15 Minuten fast weich garen, auf einem Sieb abtropfen lassen. Champignons blättrig schneiden. Salami in nicht zu dünne Streifen schneiden.

Butter in einer großen Pfanne erhitzen, Pilze hineingeben, mit Salz, Paprikapulver und Pfeffer würzen. Etwa 1 bis 2 Minuten bei starker Hitze dünsten, Salami hinzufügen und nur kurz mit anbraten.

Danach alles zusammen mit dem Blumenkohl in eine feuerfeste Form geben, mischen, mit saurer Sahne übergießen und im vorgeheizten Backofen bei 200° C (Gas Stufe 3) 4 bis 5 Minuten gratinieren. Vor dem Servieren mit Schnittlauch bestreuen.
Dazu passen gekochter Reis und ungarischer Rotwein.

Abbildung gegenüberliegende Seite:
Gratinierter Blumenkohl mit Salamistreifen zum Rezept auf dieser Seite.

Dietramszeller Eierpfanne (Bayern)

250 g frische Champignons
125 g geräucherter durchwachsener Speck
1 Zwiebel
Petersilie
1 EL Butter
Salz
Pfeffer
6 Eier
1 EL Milch

Pilze in Scheiben, Speck in Würfel schneiden. Zwiebel und Petersilie feinhakken.

In einer weiten Pfanne Butter erhitzen, Speck und Petersilie anbraten.

Pilze kurz mitbraten. Deckel auflegen, bei mittlerer Hitze ca. 10 Minuten dünsten, salzen und pfeffern.

Eier mit Milch verschlagen, über die Schwammerl geben, Pfanne vom Feuer nehmen und Eier stocken lassen oder Pfanne auf der Flamme lassen und mehrfach durchrühren. Zum Schluß noch einmal leicht salzen und Petersilie darüberstreuen.

Rührei

Pro Person rechnet man 2 Eier. Sie werden leicht gesalzen in einer Schüssel mit der Gabel gut verschlagen (in manchen Gegenden fügt man pro Ei 1 EL Rahm, Milch oder Wasser hinzu), mit den gewünschten Zutaten vermischt und in zerlassener Butter (pro Ei 10 g) bei milder Hitze unter ständigem Rühren erwärmt.

Sobald sie locker-cremig geworden sind, nimmt man sie vom Feuer, rührt noch etwas Butter darunter und serviert in Pastetenformen, Krustenpasteten, kleinen Töpfchen oder einfachen Gemüseschalen mit etwas Garnitur, z. B.:

Hausfrauenart: Champignons im Ganzen, in Hälften oder in Scheiben in Butter schwenken und mit Petersilie bestreuen. Nebenbei Preiselbeeren.

Erzherzoginart: Champignons in feinen Scheiben mit Paprika würzen. Mit Paprikasauce servieren.

Mailänder Art: Champignonstücke mit geriebenem Parmesan verrühren.

Portionen mit gebratenen Champignonhüten besetzen und jeweils mit einem Sträußchen gebackener Petersilie schmücken; mit Knoblauch-Paprikasauce servieren.

Spiegelei

Spiegeleier sind gar, wenn das Eiweiß milchig und das Eigelb wachsweich ist, mit einem zarten, glänzenden Schleier überzogen; in der Küchensprache daher Spiegel genannt. Sie dürfen nicht am Boden anbraten.

Pro Ei werden 15 g Butter verwendet. Hälfte der Butter in Eierpfanne schmelzen, bis sie schäumt, Eier nacheinander auf einen Teller schlagen, in die Butter gleiten lassen, mit der restlichen, zerlassenen Butter begießen, Eiweiß leicht salzen, im vorgeheizten Ofen fertig garen, oder auf dem Herd unter ständigem Begießen mit Butter aus der Pfanne zubereiten.

Auf frischen Champignons: Champignons in Scheiben schneiden, mit Zitronensaft beträufeln, mit Salz und Pfeffer würzen und in Butter dünsten; Spiegelei obenauf.

Champignonomelett

Omeletts gelingen dann besonders gut, wenn das Gericht schnell zubereitet und heiß serviert wird. Das setzt voraus, daß die Füllung fertig gegart ist, wenn die Eimasse in die Pfanne gegeben wird.

200 g frische Champignons feinschneiden

Zitronensaft

1 Schuß Weißwein

1 EL Mehl, ½ Tasse Sahne

8 Eier

2 EL Wasser

Pfeffer, Salz

75 g Butter

Champignons mit Zitronensaft beträufeln und auf kleiner Flamme in Weißwein gardünsten. Mehl mit Sahne verrühren, zu den Pilzen geben, kurz aufkochen, würzen, mit Petersilie bestreuen und warmhalten.

Eier, Wasser, Pfeffer und Salz verquirlen, Butter in der heißen Pfanne schmelzen und die Masse auf einmal hineingeben. Sobald die Unterseite gebräunt ist, hat auch die Oberseite genügend Festigkeit.

Omelett auf warme Platte gleiten lassen, zur Hälfte mit Pilzen belegen, andere Hälfte überschlagen.

Ungarisch

200 g frische Champignons feinschneiden

50 g Butter

feingehackte Kräuter

1 Tasse saurer Rahm

Pilze mit etwas Butter im eigenen Saft schmoren, abkühlen lassen. Omeletteig zubereiten, Pilze und Kräuter unterrühren. In der heißen Pfanne die Hälfte der Butter schmelzen, Eimasse einfüllen und backen. Inzwischen restliche Butter mit Rahm aufkochen und über das fertige Omelett gießen.

Mit Kräutern

200 g frische Champignons feinschneiden	**2 EL feingehackte Kräuter**
Zitronensaft	**2 EL Butter**

Pilze mit Zitronensaft beträufeln im eigenen Saft schmoren und würzen.

Omeletteig zubereiten, Kräuter dazugeben, Butter in der Pfanne schmelzen, Eimasse einfüllen, zubereitete Pilze auf die noch weiche Oberseite geben, umschlagen und mit Salat servieren.

Mit Käse überbacken

200 g Champignons feinschneiden	**1 Tasse Sahne**
125 g Butter	**125 g Gruyèrekäse**
1 Schuß Weißwein	**2 TL Parmesankäse**

Pilze in 2 TL Butter, Weißwein und etwas Sahne 5 Minuten dämpfen. Omeletteig zubereiten und 4 Omeletts in heißer Pfanne in Butter backen, Pilze auflegen, mit geschlagener Sahne bestreichen, mit Gruyèrekäse belegen, Rest der Sahne darübergeben, Parmesankäse darüberstreuen und im Rohr überbacken.

Pfannenkuchen (eine Portion)

125 g frische Champignons	**schwarzer Pfeffer aus der Mühle**
Petersilie	**1 EL Mehl, 1 Ei**
1 EL Butter, Salz	**1 Schuß Milch**

Pilze in dünne Scheiben schneiden. Petersilie feinhacken.
In einer weiten Pfanne Butter erhitzen und Petersilie andünsten.
Pilze so in der Pfanne verteilen, daß der Pfannenboden bedeckt ist. Salzen und pfeffern.
Deckel auflegen und Pilze etwa 4 Minuten dünsten.
Aus Mehl, Ei und Milch mit wenig Salz dickflüssigen Teig zubereiten, über die Pilze gießen und den Pfannenkuchen von beiden Seiten einige Minuten goldgelb backen.

Gefüllte Eierkuchen

Für die Füllung

1 kleine weiße Zwiebel

1 Bund Petersilie

30 g Butter

400 g frische Champignons

200 g gekochter Schinken

Salz

⅛ l saure Sahne

Für den Teig

4 EL Mehl (gehäuft)

4 Eier

Salz

ca. ⅛ l Milch

Butter zum Backen

Zwiebel und Petersilie feinhacken. Champignons in Scheiben und Schinken in Streifen schneiden.

Zwiebel und Petersilie in heißer Butter anbraten, Pilze zugeben und kurz mitbraten, Schinken beifügen, eventuell etwas salzen, mit saurer Sahne aufgießen und Flüssigkeit einkochen lassen.

Inzwischen Teig anrühren. Mehl in eine Schüssel geben, ein Ei nach dem anderen einrühren, salzen, unter Rühren Milch zugießen, bis der Teig dickflüssig ist.

In einer Pfanne Butter erhitzen und nacheinander 4 Eierkuchen backen, mit Pilzmasse füllen, zusammenrollen und sofort servieren.

Gefüllte Eier

Frische Champignons in wenig Butter garen, leicht salzen, abkühlen und sehr fein hacken oder pürieren.

Hartgekochte kalte Eier längs halbieren, Eigelb herauslösen und mit etwas Öl, Zitronensaft, Senf und den Pilzen geschmeidig vermischen.

Eier mit der Masse hoch anfüllen, auf Salatblätter legen, einen Tupfer Mayonnaise und ein Sardellenstückchen auf die Spitze geben, servieren.

Fleisch, Wild und Geflügel

Pilzhackbraten

40 g Butter

2 große Zwiebeln kleinschneiden

500 g frische Champignons in Stücke teilen

400 g Hackfleisch, 3 Eier

1 eingeweichtes Brötchen gut ausdrücken

Salz, Pfeffer, 1 TL Majoran

Semmelmehl soviel wie nötig

100 g Fett zum Braten

große Zwiebel in Ringe schneiden

2 große Tomaten in Viertel schneiden

½ l Fleischbrühe

1 EL Mehl

¼ l Kondensmilch

Butter erhitzen, Zwiebeln darin anbraten, Pilze zugeben, 10 Minuten schmoren, bis der Pilzsaft eingekocht ist und durch den Fleischwolf drehen.

Zusammen mit Hackfleisch, Eiern, Brötchen und Gewürzen zu einem Teig mengen. Diesen mit Semmelmehl verkneten und einen großen, länglichen Kloß formen.

Fett zum Braten erhitzen, Kloß mit den Zwiebelringen darin ringsum anbraten, Tomatenviertel zugeben und nach und nach mit Brühe auffüllen. Braten öfter begießen und 1 Stunde schmoren. Mehl in Kondensmilch anrühren und die Bratensauce damit binden. Mit Salz und Pfeffer abschmecken.

Mit Pilzen gefüllte Schweinebrust

Für die Füllung

3 Brötchen in Würfel schneiden

⅛ l heiße Milch

2 Zwiebeln feinhacken

200 g frische Champignons feinhacken

3 Eier

Salz, frisch gemahlener weißer Pfeffer

½ TL gehackter frischer Majoran

Außerdem

1000 g Schweinebrust mit Schwarte und eingeschnittener Tasche (vom Fleischer gemacht)

5 EL Öl

1½ l Fleischbrühe

½ Bund Petersilie feinhacken

20 g Butter

Brötchenwürfel in Milch einweichen. Zwiebel, Pilzhack, Eier und Gewürze zugeben. Abschmecken.

Farce in die Tasche der Schweinebrust füllen, Öffnung zunähen, Schwarte rautenförmig einschneiden und das Fleisch mit Salz, Pfeffer und etwas Majoran einreiben.

Im Bräter Öl erhitzen, Fleisch rundherum anbraten und bei mittlerer Hitze knusprig braten, dann Brühe angießen und zugedeckt 90 Minuten schmoren. Fleisch herausnehmen und die Sauce auf ½ l einkochen, Petersilie zugeben und mit Butter aufschlagen.

Braten und Sauce getrennt servieren *zu Kartoffelklößen und Salat nach Jahreszeit.*

Füllungsvariante: 75 g Reis in Salzwasser 20 Minuten quellen lassen. Inzwischen 1 gehackte Zwiebel mit 250 g Pilzscheiben in 10 g Butter gardünsten. 250 g Hackfleisch mit 2 EL gehackter Petersilie, 1 Ei, Salz und Pfeffer, etwas zerdrücktem Knoblauch, abgekühlten Reis und Pilzen vermengen, einfüllen, zunähen. Beim Aufgießen mit Wasser und Thymian und Majoran würzen.

Abbildung gegenüberliegende Seite:
Rehbraten zum Rezept Seite 59.

Schweineschnitzel Schwarzwälder Art

4 Schweineschnitzel

Salz, Pfeffer

Mehl zum Wenden

100 g Butter

4 Scheiben Schinkenspeck

2 Zwiebeln feinhacken

200 g frische Champignons grob hacken

8 EL Sauerkirsch-Konfitüre

¼ l Weißwein

Saft von 1 Zitrone

Schnitzel mit Salz und Pfeffer würzen, in Mehl wenden und in heißer Butter von jeder Seite 4 Minuten braten. Zuletzt Schinkenspeck mitbraten, beides aus der Pfanne nehmen und warmstellen.

Zwiebeln und Pilzhack in der Bratbutter 4 Minuten dünsten, Konfitüre zugeben, mit Wein aufgießen, Zitronensaft zugießen und 1 Minute einkochen.

Schnitzel auf vorgewärmten Tellern anrichten, mit Schinkenspeck belegen, mit Sauce umgießen und mit Tupfern von Kartoffelpüree garnieren. *Dazu Salat.*

Kalbfleisch mit Pilzen in Dillrahm

1000 g Kalbfleisch (Schulter)

50 g Butter

3 EL Mehl

¼ l heiße Fleischbrühe

Salz, Pfeffer

1 Döschen Safran

¼ l Sahne

300 g frische Champignons feinschneiden

1 Bund Dill feinschneiden

Fleisch in 5 cm lange Streifen schneiden, in Butter weichdünsten, mit Mehl bestäuben, unterrühren, mit Brühe aufgießen, Salz, Pfeffer und Safran zugeben und 1 Stunde zugedeckt köcheln lassen. Eventuell etwas Brühe nachgießen.

Die Sauce soll dicklich einkochen, dann Sahne zugießen, aufkochen, Pilze zugeben, 8 Minuten garen und kurz vor dem Garwerden Dill zugeben, gut verrühren *und mit Teigwaren servieren.*

Abbildung gegenüberliegende Seite:
Fisch-Steaks Morpheus zum Rezept Seite 62.

Kalbskotelett in der Folie

4 große Kalbskoteletts

30 g Butter

2 Semmeln entrinden und einweichen

2 Eigelb

100 g Räucherspeck sehr feinhacken

100 g frische Champignons feinhacken

1 Zwiebel feinhacken

1 Bund Petersilie feinhacken

Salz, Pfeffer

8 große dünne Speckscheiben

Koteletts klopfen, mit Salz und Pfeffer einreiben, in heißer Butter weich braten und beiseite stellen.

Semmeln gut ausdrücken, mit Eigelb, Speck, Pilzen, Zwiebel, Petersilie und Gewürz zu einer Masse verarbeiten.

Koteletts beidseitig damit bestreichen, in Speckscheiben einhüllen, mit Faden binden und in gebutterter Folie auf dem Rost braten. In der Hülle servieren.

Bœuf Stroganoff

50 g Butter

300 g Zwiebeln in Scheiben schneiden

250 g frische Champignons in Scheiben schneiden

1 EL Senf

Salz, frisch gemahlener schwarzer Pfeffer

1 Prise Zucker

50 g Butter

750 g Rinderfilet in 1 cm dicke und 5 cm lange Streifen schneiden

¼ l saure Sahne

In einer Pfanne Butter erhitzen, Zwiebel und Pilze darin 5 Minuten schmoren. Senf mit Salz, Pfeffer und Zucker mischen, zu den Pilzen geben und kurz mitschmoren.
In einer zweiten Pfanne Butter erhitzen. Filetstreifen darin 5 Minuten scharf braten und zu den Pilzen geben, abschmecken und saure Sahne unterrühren.
Dazu Kartoffelkroketten und Chicoréesalat.

Tournedos Fürst Metternich

4 Filetsteaks leicht klopfen

Butter

Salz, frisch gemahlener Pfeffer

250 g frische Champignons in Scheiben schneiden

1 EL feingehackte Petersilie

2 EL Sahne

Filetsteaks in heißer Butter auf jeder Seite 3 – 4 Minuten braten, zur Hälfte der Bratzeit salzen und pfeffern, warmstellen.

Im Bratensatz Pilze zusammen mit Petersilie 5 Minuten dünsten und mit Sahne binden.

Tournedos auf Tomatenreis anrichten, Champignonsauce darübergießen.

Rehbraten

½ Rehrücken enthäuten

Salz, Pfeffer

6 EL Öl

Majoran, Thymian

10 Wacholderbeeren zerdrücken

125 g durchwachsenen Räucherspeck in dünne Scheiben schneiden

¼ l Rotwein

¼ l Fleischbrühe

1 EL Stärkemehl

wenig Wasser

200 g gegarte Champignons

Rehrücken mit Salz einreiben, pfeffern, mit Öl einpinseln und mit Majoran, Thymian und Wacholder bestreuen. Im vorgeheizten Ofen bei guter Mittelhitze braten, nach ca. 25 Minuten den Speck auflegen und ca. 30 Minuten fertig braten.

Etwa 5 Minuten vor dem Fertigwerden wird der Braten mit Wein übergossen.

Braten herausnehmen und auf eine Platte legen, Bratenfond mit Brühe ablöschen und mit dem Stärkemehl, das in wenig Wasser angerührt wird, binden. Champignons in Sauce geben.

Zu Teigwaren mit frischem Salat und Preiselbeeren oder mit kleinen Semmelklößchen servieren.

Gefülltes Brathuhn

2 Brathühner, Salz	**2 Eier**
50 g Speck in Würfel schneiden	**1 Zwiebel feinhacken**
500 g Champignons feinblättrig schneiden	**Salz, Pfeffer**
500 g Gehacktes	**10 Walnüsse feinhacken**
	Bratfett

Die Hühner innen und außen leicht salzen. Speck auslassen. Champignons darin solange dünsten, bis alle Flüssigkeit verdampft ist. Abkühlen lassen.

Aus Gehacktem, Eiern, Zwiebel, Gewürzen, Pilzen und Nüssen Teig mengen, in die Hühner füllen und zunähen. In siedendem Fett goldbraun braten.

Gefülltes Huhn im Teig (französisch)

Für die Füllung: 500 g frische Champignons in feine Scheiben schneiden, in 20 g heißer Butter 3 Minuten sautieren, 4 EL Sherry zugießen und 3 Minuten dünsten, dann wenig mit Salz und weißem Pfeffer würzen.

375 g Gänseleber säubern und trockentupfen, in feine Würfel schneiden und mit 5 gehackten Schalotten und Pilzen zu einer Farce mischen.

Vorbereitete Poularde damit füllen, zunähen, mit dünnen Speckscheiben umwickeln, im Bräter 20 Minuten rundum braunbraten. Dann herausnehmen, abtropfen und etwas abkühlen lassen.

Inzwischen aus 250 g Mehl mit Prise Salz und 125 g zerlassener Butter einen Teig kneten, 2 Eier und 2 EL Wasser unterkneten und auf bemehltem Brett 5 mm dick ausrollen.

Speckscheiben von der Poularde entfernen. Poularde mit der Brustseite auf den Teig legen und einschlagen, Teigenden mit kaltem Wasser bepinseln und zusammendrücken.

Kleine Sternchen aus den Teigresten ausstechen, auf die Brustseite drücken, mit verquirltem Eigelb bestreichen und auf ein Backblech legen. Auf der untersten Schiene im vorgeheizten Backofen bei 220° C 50 Minuten backen. *Servieren mit Pommes frites und Gemüseplatte.*

Fischgerichte mit frischen Champignons

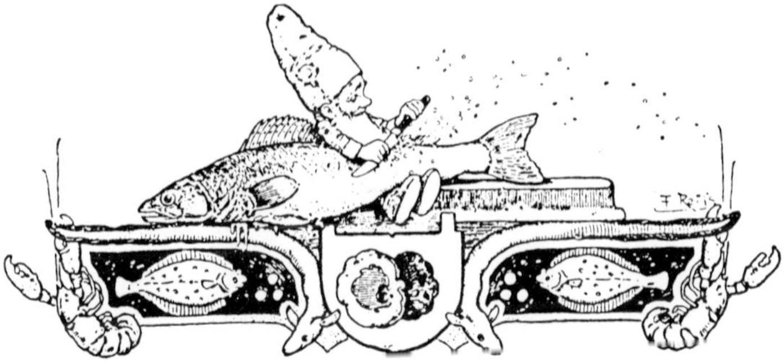

Champignons auf marinierten Forellen

Sud

¾ l Wasser

2 Zitronen

2 Lorbeerblätter

3 Pfefferkörner

2 Gewürznelken

1 Zwiebel in Scheiben schneiden

Salz, Pfeffer

Außerdem

300 g frische Champignons in dicke Scheiben schneiden

6 Forellen

Petersilie

2 EL Öl

Sud zum Kochen bringen, Champignons darin 3 Minuten blanchieren, herausnehmen, abkühlen lassen.
Inzwischen Forellen waschen, Kopf, Schwanz und Flossen abschneiden, im Sud 10 – 15 Minuten je nach Größe garen, herausnehmen, filetieren und in ein Glasgeschirr schichten. Champignons und Petersilie obenauf garnieren.
Zum abgekühlten Sud Öl zufügen und über das Ganze gießen.

Fisch-Steaks Morpheus

Marinade

Öl

1/10 l Bier

Worchestersauce

Salz, Pfeffer

Zitronensaft

8 Fischsteaks (Heilbutt, Zander o. ä.)

Mehl zum Bestäuben

Öl

400 g frische Champignons in Würfel schneiden

50 g Butter

Zitronensaft

Salz, Pfeffer

4 Kartoffeln schälen, in Würfel schneiden

1 Gurke schälen, entkernen, in Würfel schneiden

4 Tomaten

100 g gefüllte Oliven

Fischsteaks 2 Stunden marinieren, mit Mehl bestäuben, in heißem Öl goldgelb braten.

Frische Champignons in wenig Butter braten, mit Zitronensaft, Salz und Pfeffer würzen. Kartoffeln braten.

Gurke in wenig Butter kurz dünsten, mit Kartoffeln vermengen und in flachem Geschirr anrichten. Gebratene Fischsteaks darauflegen und die Champignons darübergeben.

Die Tomaten nicht zu weich gedünstet auf die Champignons legen, mit Oliven besetzen und die restlichen Oliven um die Fischsteaks anordnen.

Pilzkuchen

Teig für eine mittlere Springform

250 g Mehl

60 g Butterschmalz

1 Tasse Wasser

1 TL Backpulver

½ TL Salz

Füllung

3 Eier

0,4 l Sahne

1 feingehackte Zwiebel mit Speck und Wammerl anbraten

1 TL Salz

Cayenne- und schwarzer Pfeffer

500 g frische Champignons zerteilen.

Alle Teigzutaten zu einem Teig kneten und eine gefettete Form (oder Blech) damit belegen.

Alle Zutaten für die Füllung vermischen, auf den Teig geben und im Rohr ungefähr 50/55 Minuten bei 200° C backen.

Champignontaschen

Blätterteig

250 g Quark

125 g Butter

2½ Tassen Mehl

2 TL Backpulver, Salz

Füllung

30 g Butter

2 Scheiben Speck ohne Schwarte in kleine Würfel schneiden

2 Schalotten feinhacken

250 g frische Champignons hacken

Thymian, Pfeffer, Salz

¼ Tasse saurer Rahm

1 geschlagenes Ei

Quark und Butter verrühren, Mehl und Backpulver darüber sieben, salzen und geschmeidigen Teig kneten. Zugedeckt 30 Minuten kühl stellen.
In heißer Butter Speck und Schalotten ca. 2 Minuten anbraten, Champignons hinzufügen und 5 Minuten garen. Vom Feuer nehmen, würzen, Sahne unterziehen, abkühlen lassen.
Auf bemehltem Brett Teig dünn ausrollen, in ungefähr 9 cm große Quadrate schneiden und die Ränder mit Ei bestreichen. Von der Füllung einen gehäuften TL auf jedes Quadrat geben, zu einem Dreieck zusammenklappen, Ränder andrücken, die Oberfläche 3mal einschneiden, mit Ei bepinseln, in gefettete Backform geben und im heißen Backofen goldbraun und knusprig (ca. 15 Minuten) backen.
Auch tiefgekühlter Blätterteig kann verwendet werden.

Pizza Florenz

Pizzateig belegen mit dicken Scheiben von fleischigen Tomaten, gewürzt mit Pfeffer und Salz, reichlich Champignons in Scheiben, Schinkenwürfeln und Morzarella in Würfeln, mit Basilikum bestreuen und mit Olivenöl beträufeln.

Pizza Susi

Pizzateig dick bestreichen mit Tomatenpüree, verrührt mit Knoblauch und Olivenöl, kleine Champignons mit Stiel nach unten dicht nebeneinander in den Teig drücken, Mozzarella in Würfel geschnitten darüber, würzen mit Oregano.

Risotto

Zwiebel in Butter und Öl anrösten, ohne Farbe nehmen zu lassen. Reis dazugeben und glasig werden lassen. Ungefähr doppelte Menge Bouillon kochend heiß aufgießen, unter Rühren sämig kochen, noch einmal warme Bouillon nachgießen, weitergaren, bis der Reis fertig ist.

Er soll nicht trocken, sondern zum Risotto schön saftig sein. Eventuell etwas Butter unterrühren und – nach Belieben – fein geriebenen Parmesan.

Nebenbei Champignons im Butter rösten, mit wenig Salz und gehackter Petersilie würzen, garen und unter den fertigen Risotto mischen.

Champignon-Pilaw

Butter erhitzen, feingeschnittene Zwiebel darin andünsten, ohne Farbe nehmen zu lassen. Champignons hinzufügen, etwas bräunen, trockenen Reis dazutun und glasig werden lassen. Etwa doppelte Menge Bouillon kochend heiß dazugießen, nach Belieben (Salz, Pfeffer, Paprika) würzen und zugedeckt ohne umzurühren im Rohr 18 – 20 Minuten dünsten.

Champignons auf Kartoffelpuffern

1 feingehackte Zwiebel in 50 g Butter glasig werden lassen, 500 g frische kleine Champignons zugeben, dünsten bis der Pilzsaft eingekocht ist, mit Salz, frisch gemahlenem Pfeffer und 5 EL Crème fraîche würzen und binden. ½ l kaltes Wasser einrühren, 10 Minuten quellen lassen und 1 Ei gleichmäßig unter den Teig rühren. Je 2 – 3 EL Öl in einer großen Pfanne erhitzen, einen großen Puffer aus ¼ der Teigmasse darin verstreichen und bei mittlerer Hitze braten.

Wenn der Rand leicht gebräunt ist, Kartoffelpuffer wenden (auf glatten Topfdeckel gleiten lassen) und hellbaun braten. Auf Tellern einzeln anrichten und mit Champignons belegen.

Pilzauflauf

500 g frische Champignons (möglichst große)

1000 g Kartoffeln

3 Zwiebeln

1 Bund Petersilie

⅛ l Milch

Salz

20 g Semmelbrösel

20 g Butter in Flöckchen

Für die Form

Butter zum Ausstreichen

Haferflocken zum Bestreuen

Champignons und Kartoffeln in dünne Scheiben schneiden. Zwiebel und Petersilie feinhacken. Auflaufform vorbereiten. Ofen auf 200° C vorheizen.

Pilze, Kartoffeln, Zwiebeln und Petersilie werden mit Milch und Salz gut vermischt und abgeschmeckt.

Das Ganze in die Auflaufform füllen, mit Bröseln bestreuen, mit Flöckchen belegen und 45 Minuten im Ofen backen.

Sehr gut schmeckt es auch, Tomaten- oder Gurkenscheiben miteinzulegen.

Wenn gekochte Kartoffeln verwendet werden, dann werden diese in dünne Scheiben geschnitten und abwechselnd mit einem fertigen Pilzgemüse in die Auflaufform gegeben, evtl. etwas Milch zugegossen, mit Bröseln bestreut, mit Flöckchen belegt und 30 Minuten im Ofen gebacken.

Champignons im Kartoffelring

125 g Speck in Würfel schneiden

500 g Champignons in Scheiben schneiden

Salz, Pfeffer

festes Kartoffelpüree

Petersilie hacken (oder Schnittlauch)

Speck ausbraten, die Pilze dazugeben, garen, mit Salz und Pfeffer abschmekken. Kartoffelpüree auf einer gewärmten Platte zu einem Ring formen, die Champignons in die Mitte geben und mit Petersilie bestreuen.

Dazu grünen Salat, Specksauce und Preiselbeeren.

Internationale Küche: Rezepte im Telegrammstil

Auflauf *(Soufflé de champignons)*
Pilzköpfe roh durch ein Sieb streichen, in Butter dünsten, bis der Pilzsaft eingekocht ist; mit dicker Béchamel und Eigelb binden, würzen, mit Eischnee aufziehen und in gebutterter Auflaufform im Ofen backen.

Bordelaiser Art
Köpfe in dicke Scheiben schneiden, in Olivenöl dünsten, würzen; zuletzt feingehackte Stiele, etwas gehackte Schalotte und gehackte Petersilie mit Zitronensaft abschmecken.

Burgunder Art *(à la bourguignonne)*
Große offene Köpfe grillen und mit Schneckenbutter füllen.

Gebacken *(frites)*
Kleine Köpfe in Butter dünsten, würzen, auskühlen; durch Backteig ziehen, im tiefen Fett backen.

Grilliert *(grillées)*
Große Köpfe in Olivenöl mit gehackten Schalotten und Knoblauch marinieren; abwischen, durch geklärte Butter ziehen, grillieren und mit Kräuterbutter servieren.

Harlekinart *(à l'arlequin)*
Mohrrüben und Knollensellerie in kleine Würfel schneiden, mit gehackten Zwiebeln in Butter andünsten, mit Weißwein angießen, würzen und dünsten; gedünstete Pilzscheiben und gehackten Kerbel untermischen und mit Tomatensauce binden.

Kotelett *(Côtelette de champignons)*
Pilze hacken, mit gehackter Zwiebel in Butter dünsten, mit eingeweichtem Weißbrot, Ei und Semmelbrösel vermischen, würzen, zu Koteletts formen, panieren und in Butter braten.

Moldauer Art *(à la moldavienne)*
Pilzscheiben mit gehackten Schalotten in Öl dünsten, kurz in saurem Rahm mit gehacktem Fenchelgrün dünsten und mit gehacktem Schnittlauch bestreut servieren.

Piemonteser Art *(à la piémontaise)*
Dicke Pilzscheiben mit gehackten Schalotten und Petersilie dünsten; in Backform füllen, mit geriebenem Käse bestreuen, mit Butter betropfen und überbacken.

Provenzalische Art *(à la provençale)*
Feingehackte Zwiebel in Öl braten, geviertelte Pilze darin dünsten, geschälte und geschmorte Tomaten zugeben, mit Salz, Pfeffer, Knoblauch würzen und mit Petersilie bestreut servieren.

Püree *(Purée de champignons)*
Weiße, feste Champignons roh passieren, mit Butter dünsten, bis Pilzsaft eingekocht ist; mit dicker Béchamel binden und mit dickem Rahm und Butter vervollständigen.

Russische Art *(à la russe)*
Pilzscheiben mit gehackten Zwiebeln in Butter andünsten, mit saurem Rahm garen, mit gehacktem Fenchelkraut und Petersilie vervollständigen.

Toulouser Art *(à la toulousaine)*
Scheiben in halb Butter und halb Öl mit gehackten Zwiebeln, Schalotten und Knoblauch dünsten, mit gebratenen Schinkenwürfeln und geschmolzenen Tomaten vermischen.

Duxelles

Duxelles ist Grundlage für viele Gerichte und in der französischen Küche unentbehrlich für die Zubereitung schmackhafter Speisen, seit François-Pierre la Varenne, Küchenchef des Marquis d'Uxelles, es 1651 in seinem grundlegenden Werk „Le Vrai Cuisinier Français" erstmals der Öffentlichkeit bekanntgab.

Duxelles für ca. 200 g Pilzmasse

500 g Champignons	**100 g fein gehackte Zwiebel**
50 g Butter	**Pfeffer, Salz**

Die gewaschenen Pilze im Tuch trockentupfen, in der Küchenmaschine pürieren (oder ganz fein hacken), in Leinensäckchen füllen und kräftig den Saft auspressen. Es bleibt eine dunkle, trockene Pilzmasse übrig, die folgendermaßen verarbeitet wird:

In zerlassener Butter bei kleiner Hitze Zwiebel schwitzen, Pilzmasse beigeben und bei stärkerer Hitze unter ständigem Rühren und Wenden ca. 5 Minuten anbraten, bis die Masse trocken geworden ist, aber geschmeidig bleibt. Ist sie zu trocken, gibt man noch etwas Butter dazu. Würzen und abschmecken.

Duxelles kann – je nach Bedarf und Geschmack – mit verschiedenen Zutaten vermengt und gewürzt werden, wie Sahne, Oliven, Knoblauch, frischen oder getrockneten Kräutern, Tommatenmark, Artischockenböden, Sardellen, Ananas, Avocados, Nüsse, Schinken, Weißwein, Sherry usw.

Duxelles wird vermischt

für Geflügelfüllungen: mit eingeweichtem Weißbrot und rohem Ei;

für Fleischfüllungen: mit durchgedrehtem rohem Kalb- oder Rindfleisch;

für Füllungen von Kohlrouladen, Klößen, Würstchen, Bouletten: mit Hackfleisch:

für Fischfüllungen: mit roh durchgedrehtem Fischfleisch;

für Füllungen von Omeletts und Eiern: mit Schinken.

Sollte eine Füllung zu dünn geraten, wird sie am besten mit Weißbrotkruste wieder angedickt.

Mit Weißwein, Bouillon und Kräutern läßt sich aus Duxelles in 5 Minuten eine schmackhafte Suppe zubereiten.

Abgedeckt mit gefettetem Pergamentpapier hält sich Duxelles im Kühlschrank mehrere Tage, tiefgekühlt 2 Monate.

Maintenon (Verfeinertes Duxelles)

2 EL Mehl

1 EL Butter

1 Tasse Brühe

½ Tasse Sahne

2 Zwiebeln schälen

1 Tasse Duxelles

Salz, Pfeffer

2 Eigelb

Butter und Mehl glatt verrühren, Brühe kochend und Sahne kalt dazugeben, ständig rühren. Zwiebeln in Wasser kochen, im Mixer zerkleinern und an die Sauce geben. Duxelles untermischen, salzen, pfeffern, einkochen, bis geschmeidiger, ziemlich fester Teig entsteht, Eigelb untermischen, kaltstellen. Maintenon sollte noch am Zubereitungstag verbraucht oder sofort tiefgekühlt werden.

Zum Füllen von Fleisch, Geflügel und Gemüse; für Omeletts.

Für die Vorratskammer: Pilze in Essig und Öl

Hausmacherart

750 g frische Champignons

Sud

3/8 l Rotweinessig

1/8 l Wasser

1 TL Salz

10 Schalotten

15 schwarze Pfefferkörner

5 Gewürzkörner

1 EL Senfkörner

1 großes Lorbeerblatt

einige Meerrettichwürfel

Unzerteilte Pilze 4 Minuten dämpfen. Alle Zutaten für die Sauce in einem kleinen Topf unter Rühren erwärmen, bis der Zucker aufgelöst ist. Topfinhalt aufkochen, abkühlen lassen. Pilze in ein geeignetes Glas (Einweckglas mit Deckel) füllen und so viel Essigsauce darüberschütten, daß die Pilze bedeckt sind. *Essigpilze behalten ihr köstliches Aroma einige Monate, wenn sie kühl aufbewahrt werden.*

Süßsauer (Wiener Küche)

750 g frische Champignons

Sud

1/4 l Weißweinessig

1/3 l Wasser

200 g Zucker

1 TL Salz

Sud aufkochen, 3 Minuten ziehen lassen. Pilze portionsweise im heißen Sud 5 Minuten ziehen lassen, dabei immer wieder bis zum Siedepunkt erhitzen. Pilze gut abtropfen lassen, in kleine Gläser füllen, Sud daumenbreit darübergießen, mit Deckel verschließen und 30 Minuten bei 100° C einkochen.

Senfgurkenart

¼ l Essig	2 EL Senfkörner
1 l Wasser	einige Meerrettichwürfel
2 EL Salz	

Für weitere Abwandlungen bieten sich an: milder oder scharfer Paprika, Knoblauch, Piment, Estragon, Wacholderbeeren, Bohnenkraut, Dill, Koriander, Wein, Zitronenschale, Basilikum

Italienische Art in Öl

1500 g frische Chmpignons in einem Sud aus 2½ l Weinessig (weiß), 3 EL Salz, 2 TL Pfefferkörner, 1 Piment, 2 Wacholder und 1 Lorbeerblatt 5 Minuten kochen, mit Schaumkelle herausnehmen, gut abtropfen lassen (am besten zuletzt in Küchentüchern ausdrücken).

In ein großes Glas mit Knoblauchzehen, getrockneten kleinen Peperoncinis, Basilikumblättern (oder Sellerieblättern) einschichten, mit Olivenöl übergießen, bis das Öl daumenbreit übersteht. Einige Tage offen stehenlassen, bis die Luft aufgestiegen ist und die Pilze sich gesetzt haben; dann erst verschließen.